LE
CHATEAU DE VILLACERF

ET SES SEIGNEURS

PAR

M. ALBERT BABEAU

CORRESPONDANT DE L'INSTITUT
PRÉSIDENT DE LA SOCIÉTÉ ACADÉMIQUE DE L'AUBE

BIBLIOTHÈQUE NATIONALE
DELISLE BURNOUF
N°
IMPRIMÉS

TROYES

IMPRIMERIE ET LITHOGRAPHIE DUFOUR-BOUQUOT

PAUL NOUEL, Sr

Rue Notre-Dame, 41 et 43

1897

William Fleming

LE CHATEAU DE VILLACERF

ET SES SEIGNEURS

829 840

14

Extrait de l'Annuaire de l'Aube. — Année 1897.

LE
CHATEAU DE VILLACERF

ET SES SEIGNEURS

PAR

M. ALBERT BABEAU

CORRESPONDANT DE L'INSTITUT
PRÉSIDENT DE LA SOCIÉTÉ ACADÉMIQUE DE L'AUBE

BIBLIOTHÈQUE NATIONALE
DON
DELISLE BLANQUE
N°
IMPRIMÉS

TROYES

IMPRIMERIE ET LITHOGRAPHIE DUFOUR-BOUQUOT

PAUL NOUEL, Sr

Rue Notre-Dame, 41 et 43

1897

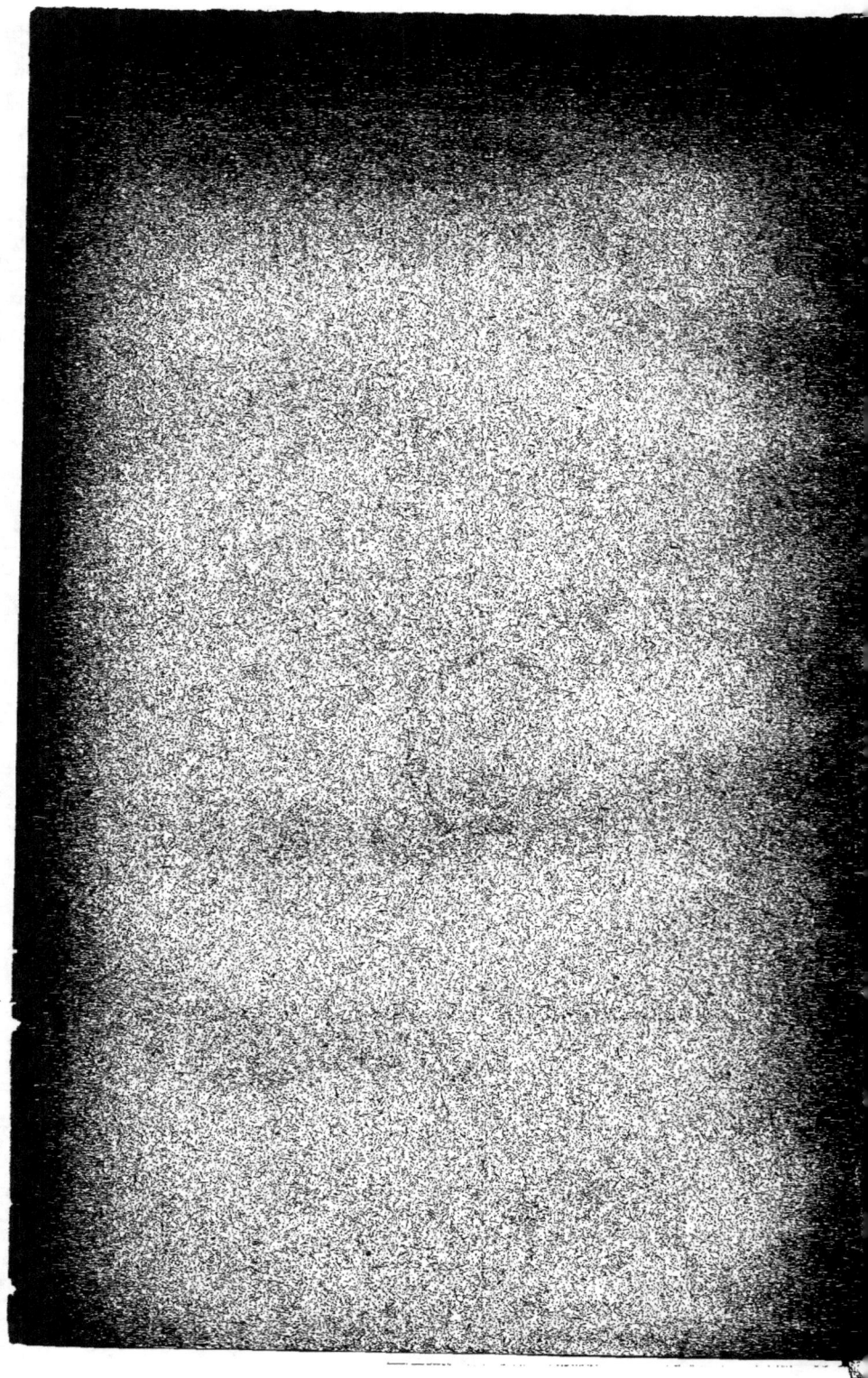

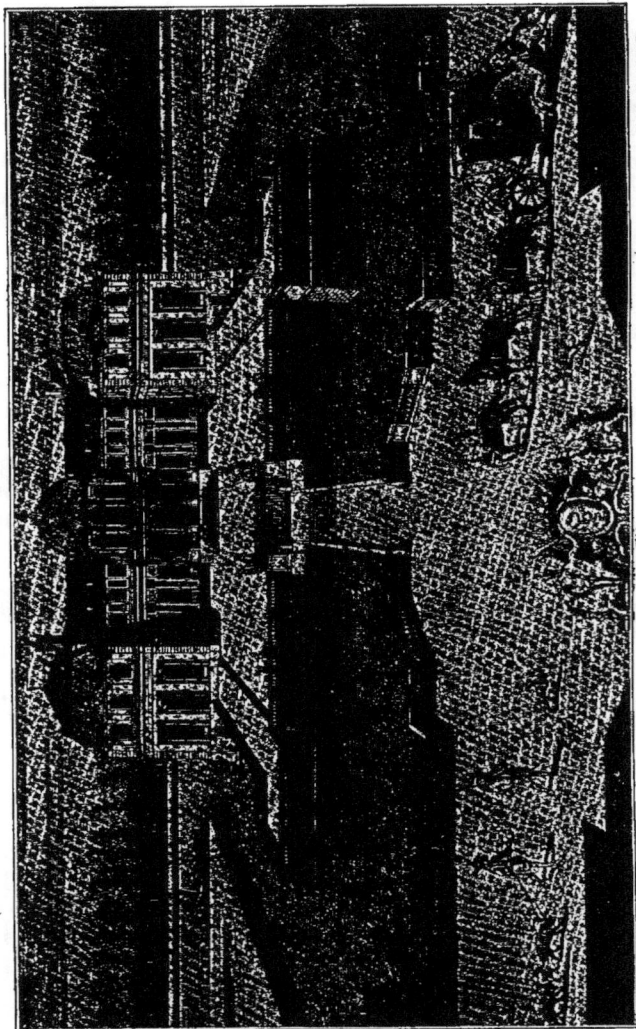

LE CHATEAU DE VILLACERF CONSTRUIT POUR ÉDOUARD COLBERT PAR COTTARD

D'après une gravure de Cottard.

IMP. P. NOUEL,

LE CHATEAU DE VILLACERF
ET SES SEIGNEURS

I

LES SEIGNEURS DE SAINT-SÉPULCRE

Le village de Villacerf est un exemple des changements de nom que les localités ont pu subir sous l'empire des idées et des institutions dominantes. De Semblières, il est devenu Saint-Sépulcre, au XIᵉ siècle, par l'influence du clergé, et Saint-Sépulcre s'est transformé en Villacerf, au XVIIᵉ siècle, par le crédit d'un seigneur qui tirait son autorité de ses charges de cour, plutôt encore que de ses possessions territoriales.

On raconte que saint Adérald, ayant rapporté d'un pèlerinage en Terre-Sainte un morceau du Saint Sépulcre, fit bâtir, dans le village de Semblières, situé à deux lieues au nord de Troyes, un prieuré et une église, dans laquelle il déposa cette précieuse relique[1]. Le village et le château

---

[1] Courtalon, *Topographie historique de la ville et du diocèse de Troyes*, t. III, p. 139, 140. — Il existe, dans le vestibule du grand escalier de l'Évêché de Troyes, un tableau représentant saint Adérald, peint au XVIIIᵉ siècle, et qui porte sur une sorte de carte étendue sur le sol le nom et le dessin sommaire de ses principales fondations dans la région de Villacerf. Villacerf, Semblières, Saint-Sépulcre y figurent. On peut lire encore aujourd'hui, à Villacerf, sur une pierre encastrée dans la maçonnerie de l'intérieur de l'église, ces mots gravés : A Sᵀ ADÉRALD BIENFAICTEUR ET PROTECTEUR DE CES LIEUX.

2

prirent le nom du prieuré de Saint-Sépulcre, qui subsista
jusqu'à la Révolution, et dont quelques bâtiments, aujourd'hui
convertis en ferme, ont échappé à la destruction. La dernière
cloche de ce monastère, qui avait été fondue en 1783, a été
transportée dans le clocher de l'église de Saint-Gratien, près
Paris. Elle porte le nom du dernier prieur de Saint-Sépulcre,
Couet du Vivier de Lorry, évêque de Tarbes[1].

Le château était vraisemblablement antérieur au prieuré.
En 1163, il a pour seigneur Hugues de Romilly[2]; en 1231,
Odon Ragot, qualifié de *miles*, homme de guerre et chevalier,
connétable de Bourgogne[3]. Puis, nous trouvons successive-
ment Jean, mort en 1324, dont il existe encore des fragments
de la pierre tombale[4]; en 1363, Pierre de Villers; en 1442,
Guillaume de Marcilly; en 1486, Jean Juvenel des Ursins[5];
au xviᵉ siècle, Philbert de Beaujeu, qui vend en 1529 sa terre
à François de la Roëre, moyennant 7.000 livres tournois et

[1] Fichot, *Statistique monumentale du département de l'Aube*, t. I,
p. 91, 92. — De Lorry était aussi abbé de Saint-Martin-ès-Aires. — Parmi
les prieurs antérieurs de Saint-Sépulcre, on peut citer, au xviᵉ siècle, l'évêque
de Troyes Odard Hennequin, Louis de Bellanger et Pierre Dorigny, conseiller
au Parlement de Paris. (Arch. de l'Aube, E. 93. En 1654, le prieur s'appelle
Perrot. — Voir mêmes archives, sect. judiciaire, nᵒ 1172, l'inventaire des
titres du prieuré de Saint-Sépulcre ou Saint-Adérald.) — Le portrait de
Pierre Dorigny se trouve sur un vitrail de l'église Saint-Jean de Troyes, dont
il fut curé de 1483 à 1503. Il a été reproduit par M. Fichot dans sa *Statistique monumentale*, t. IV, p. 150.

[2] Courtalon, t. III, p. 139. — Élisabeth, femme d'Hugues, donne, en 1179,
à l'église de Saint-Sépulcre et au bienheureux Adérald qui y repose, son alleu
de Vailly. (Note de M. Le Clert, d'après Arch. de l'Aube, 50 H.)

[3] « Odo Ragot, miles, dominus de Sancto Sepulcro, et Aelidis uxor ejus »,
donnent aux Templiers les pâtures de la Chapelle-Vallon. (Note communiquée
par M. Louis Le Clert.) — M. Corrard de Breban, dans sa notice sur *l'ancien
château de Villacerf*, cite, en 1346, un seigneur nommé Guyet (*Annuaire
de l'Aube*, 1856, 2ᵉ partie, p. 63). — Au xivᵉ siècle, M. Le Clert me signale
Jean, écuyer, en 1328; Guy, en 1356; Jeanne de Bricous, et Jean, sans doute
son fils, vers 1390; Guyot, en 1398, dont il a trouvé les noms aux archives de
l'Aube.

[4] Fichot, t. I, p. 93.

[5] Arch. de l'Aube, E. 76, 86 et 89.

cent écus d'or d'épingles [1] ; Nicolas Bizet, époux de Guille-
mette de Marisy, en 1558 [2] ; Jacques de Guesdon, vicomte de
Saconnay, dont la seigneurie fut saisie par Charles de Villemontée, qui s'en rendit acquéreur en 1608, moyennant
50.500 l. ; Villemontée la revendit en 1628, au prix de
96.000 l., à Claude de Bullion de Longchamp, qui la céda,
en 1653, à Henry Godet, seigneur des Bordes, pour une
rente de 4.200 l. ; Godet ne tarda pas à la vendre à Louis
Hesselin [3]. Cette liste de seigneurs, que nous ne donnons
pas comme complète [4], montre en combien de mains pouvait se transmettre, dans le cours des siècles, une terre
seigneuriale, et quelle pouvait être, même à cette époque où
l'autorité sociale reposait en grande partie sur la possession
du sol, l'instabilité de la propriété.

Parmi les juges seigneuriaux qui furent attachés à cette
terre, il en est un qu'il faut mentionner, à cause de la grande
célébrité qu'il s'est acquise sur un plus vaste théâtre ; c'est
Pierre Pithou, qui est qualifié de garde de la seigneurie de
Saint-Sépulcre [5].

Au XVIe siècle, le château, entouré de fossés alimentés par
les eaux de la Seine, se présentait aux regards avec de hauts
pavillons, sans doute en forme de tours, qui étaient reliés
entre eux par des murailles surmontées de galeries couvertes.
La porte principale, vraisemblablement précédée d'un pont-
levis, était elle-même surmontée d'un pavillon, où l'on mon-

---

[1] Arch. de l'Aube. (Note de M. Louis Le Clert.) — En 1555, Jacques de la Roère
est seigneur.

[2] Mém. de la Société Académique de l'Aube, 1890, p. 265.

[3] Arch. de l'Aube, E. 86 ; section judiciaire, n° 1172. Inventaire des titres
et papiers de Villacerf.

[4] Courtalon cite aussi, mais sans date, parmi les seigneurs, Nicolas Lefebvre,
époux de Gauchère Truchot (t. III. p. 139). — A la corniche d'une tourelle de
l'église on peut voir un écusson, au chevron accompagné de trois têtes
d'hommes, qui pourrait être celui d'un ancien seigneur.

[5] Arch. de l'Aube, E. 86.

tait par un escalier en spirale [1]. L'aspect général était celui d'un manoir disposé pour la défense non moins que pour l'habitation.

Cet appareil féodal était regardé comme inutile au milieu du XVIIe siècle, où le pouvoir central était devenu assez fort pour faire régner partout la paix et la sécurité. Aussi, lorsque le vieux château de Saint-Sépulcre eut été acquis par un personnage assez riche pour le faire reconstruire sur un plan nouveau, devait-il être condamné à la destruction ou à l'abandon.

Louis Hesselin, qui l'acheta vers 1655, était maître de la chambre aux deniers et surintendant des plaisirs du roi. « Homme de goût par excellence, organisateur de toutes les fêtes », il avait fait un vrai musée de sa maison de Paris, située quai des Balcons, dans l'île Notre-Dame, et bâtie par Le Vau [2], qui bientôt devait être chargé par Louis XIV et Mazarin de l'achèvement du Louvre et des Tuileries. C'est à ce même Le Vau qu'Hesselin devait confier la construction du nouveau château qu'il se proposait d'édifier à Saint-Sépulcre.

Ce château avait la forme d'un quadrilatère, dont le corps de logis principal s'étendant sur les jardins avait environ 27 toises (53 mètres) de long. Les autres bâtiments du quadrilatère, entourant une cour intérieure, étaient moins élevés et destinés aux communs. Une porte massive, surmontée d'un fronton triangulaire, donnait accès à la cour. La façade du château, du côté de la cour, avec son large péristyle, son grand fronton écrasé, son pavillon central

---

[1] Marché entre Charles de Villemontée et Villotte, charpentier à Troyes, pour des charpentes à faire « en l'enclos du château de Saint-Sépulcre, consistant en trois pavillons et galleryes des cortines des murailles... monter la charpenterye des poultres desdits pavillons et les rendre en estat qu'ils puissent recevoir des couvertures et telle que est celle des aultres pavillons. » Le total du marché est de 500 l. (5 avril 1616.) (Arch. de l'Aube, E. 87.)

[2] Bonnafé, *Dictionnaire des amateurs français au XVIIe siècle*, p. 139.

LE CHATEAU DE SAINT-SÉPULCRE CONSTRUIT POUR HESSELIN PAR LE VAU

D'après une gravure de Marot.

IMP. P. NOÜEL.

massif, ses pavillons d'angle reliés par des murs nus percés
de fenêtres sans ornements, présentait un aspect général de
prétention et de lourdeur qui ne devait pas flatter le regard.
La façade du côté du parterre était de plus noble proportion,
et la partie externe des pavillons d'extrémité, surgissant des
fossés qui entouraient la cour, avait plus d'élévation et
d'harmonie que le reste de l'édifice. Nous pouvons en juger
par la série de gravures où Jean Marot a reproduit les plans
et les façades du château de Saint-Sépulcre [1] ainsi que la
coupe intérieure d'une chapelle construite par Le Vau, dans
le style correct et froid que les artistes de ce temps emprun-
taient à la décadence de la renaissance italienne.

Ce vaste château était-il terminé lorsqu'Hesselin, empoi-
sonné par un de ses domestiques, mourut en 1662 ? Avait-il
appelé pour le décorer des artistes célèbres, comme il le fit
pour son château de Chantemerle, près d'Essonne, où
Guérin et Le Brun avaient travaillé ? Dans tous les cas, il ne
devait rien subsister de son œuvre, comme nous le verrons
plus loin, et le seul souvenir qui paraît rester de lui dans le
village est un panneau de bois sculpté, faisant partie de la
chaire de l'église paroissiale, et sur lequel sont sculptées les
initiales de Louis Hesselin, un H avec deux L entrelacés, et
des armoiries qu'on peut identifier avec les siennes [2].

---

[1] Le recueil V^a 15 du Cabinet des Estampes contient sept planches de
cette série : 1° Plan des offices du chasteau de Saint-Sépulcre, appartenant à
M. Insselin, basty à deux lieues de Troyes; 2° Plan du rez-de-chaussée, conduit
par M. Le Vaux (sic), architecte du roi; 3° Plan du rez-de-chaussée et du
premier étage. Élévation d'une façade; 4° Élévation de l'entrée... et de la
sortie du dedans; 5° Élévation du vestibule du costé de la cour; 6° Élévation
du costé du parterre; 7° Chapelle du Saint-Sépulcre, du dessein du s^r Léveau
(sic). — La Bibliothèque de Troyes ne possède que deux de ces planches, les
n°s 2 et 6. (Album local, Réserve C. 12.)

[2] M. C. Fichot (Stat. mon., t. I, p. 90) attribue à tort l'origine de ce panneau
à un couvent. Les armes de Louis Hesselin ont été gravées par Nanteuil, au bas
d'un des deux beaux portraits qu'il en a faits. Elles sont écartelées d'argent à
un griffon rampant, 1 et 4; et 2 et 3, d'argent à deux bandes de sinople semé
de croix de sable. Le plus ancien de ces portraits représente Hesselin assez
jeune, la figure allongée et fine. Il porte cet intitulé : Ludovicus Hesselin

Trois ans après la mort d'Hesselin, qui portait le titre de baron de Saint-Sépulcre, le château et les terres qui en dépendaient furent vendus aux criées, par ses héritiers, en août 1667, à Edouard Colbert, seigneur de Villacerf[1]. Cette acquisition fut faite au prix de 80.000 livres, chiffre inférieur à celui de 96.000 livres atteint en 1628. Les constructions de Le Vau, en admettant même qu'elles aient été terminées, n'avaient donné aucune plus-value à l'ensemble de la propriété.

II

ÉDOUARD COLBERT, MARQUIS DE VILLACERF

Le nouvel acquéreur du château, Edouard Colbert, appartenait à une branche de la famille du grand Colbert, qui était fixée à Troyes au XVIᵉ siècle. En 1588, Odart Colbert est qualifié de bourgeois de Troyes ; il avait épousé la fille de Nicolas Forêt et de Guillenette Cochet, sieur et dame de Villacerf[2]. A la seigneurie de Villacerf, dont il avait hérité,

---

Regis a seretioribus consiliis Palatii et Camerae deniarorum magister, avec un emblème entouré de ces mots : *Superest dum vita movetur*. Le second portrait, celui qui est accompagné des armoiries, est signé : *R. Nanteuil ad vivum faciebat, 1658*. Il représente Hesselin, vieilli, les traits épaissis et les cheveux gris.

[1] Inventaire des titres et papiers de Villacerf. — Arch. de l'Aube, sect. jud., 1772.

[2] Vente après décès du mobilier de N. Forêt. Le mobilier paraît assez simple. Peu de bijoux : un diamant, enchâssé en or, est vendu 10 l. ; une coupe d'argent à pied, à bords dorés, 9 l. ; une écuelle d'argent, même prix. Il y a onze cuillers d'argent « à bouts co.pez », 12 l. Un tableau, où est peinte la création du monde, est adjugé à la femme du bourreau, Charles Pivet, exécuteur des hautes-œuvres. Deux tapisseries, fil et poil, de haute lisse, se vendent 1 escu sol 42 s. t. chacune. (Arch. de l'Aube, E. 56.)

il ajouta, par acquisition, celle de Saint-Pouange [1]. Comme la plupart des négociants enrichis, Odard Colbert fit l'acquisition de fiefs dont il transmit la propriété et le nom à ses enfants. Tout en achetant des charges de magistrature, à leurs fils puînés, les Colbert n'en continuaient pas moins le commerce, entretenant avec la France et l'étranger une vaste correspondance, dont une partie a été conservée aux Archives de l'Aube [2].

Colbert de Villacerf, secrétaire du roi, était associé à ses parents de Reims, Nicolas Colbert, père du grand ministre, et Jean Colbert, qui paraissaient être dans une situation moins prospère que lui, lorsqu'ils lui écrivaient, le 26 février 1626 : « Monsieur, nous avons oui par celle qu'avés escript à Me Pillat les justes plaintes que vous faictes du peu de profict que vous faictes du provenu de nostre négoce. Les mauvaises années et les bruicts de guerre, et mesmement encore l'année courante qui est très misérable et sans affaire générallement par toutte la France, en sont cause ; la misère de nostre ville estant telle que l'on n'y peut rien faire d'extraordinaire et rien du tout quand on craint la guerre ». Après avoir ajouté que des banqueroutes ont aggravé leur situation, Nicolas et Jean Colbert rappellent à Colbert de Villacerf qu'ils lui ont toujours offert de lui rembourser son capital quand il lui plairait, et lui proposent, en conséquence, de finir le négoce aux paiements de Pâques [3].

---

[1] Il résulte d'une pièce conservée aux Archives de l'Aube, et dont je dois l'indication à l'obligeance de M. Henri Renaud, qu'Odard Colbert avait voulu acheter la terre de Saint-Sépulcre, en 1608, lorsqu'elle fut adjugée à Charles de Villemontée. Le procureur de Colbert lui écrit que l'adjudication a eu lieu à son insu.

[2] Grosley en a parlé avec détails dans ses Mémoires sur les Troyens célèbres, t. I, p. 257 et suiv. M. Alphonse Roserot en a donné des extraits intéressants dans son Inventaire de la série E des Archives de l'Aube, liasses 54 et 55.

[3] Arch. de l'Aube. — Sur la famille des Colbert de Reims, voir P. Clément, Histoire de Colbert, t. I, p. 519 à 532.

Le fils de Colbert de Villacerf, Jean-Baptiste Colbert, entra dans la carrière administrative. Conseiller d'État, intendant de justice en Lorraine, il épousa la fille de Michel Le Tellier, secrétaire d'État et père du célèbre Louvois. C'est par son crédit que son jeune cousin, Jean-Baptiste, fils du marchand de Reims, Nicolas Colbert, entra dans les bureaux de Michel Le Tellier et préluda à la brillante carrière qu'il devait parcourir. Les deux fils du conseiller d'État ne devaient plus quitter la Cour, où le pouvoir de leur parent contribua sans nul doute à leur fortune. L'un d'eux fut connu sous le nom de Saint-Pouange; l'autre, Édouard Colbert, porta celui de Villacerf.

La seigneurie de Villacerf était proche de celle de Saint-Sépulcre. Elle consistait dans une gentilhommière voisine d'un hameau; sans doute, elle n'était plus en rapport avec la fortune d'Édouard Colbert, son possesseur, qui, après avoir été premier commis de son oncle Le Tellier, avait acquis, en 1659, la charge de premier maître d'hôtel de la reine et devait devenir inspecteur général, puis surintendant des bâtiments du roi.

La terre de Saint-Sépulcre était plus importante que celle de Villacerf; Édouard Colbert ne se contenta pas de l'acheter; il lui fit imposer le nom de seigneurie sous lequel il était lui-même connu. Le titre de baron de Saint-Sépulcre eût mal sonné à la Cour, où il eut sans doute paru trop religieux et trop lugubre; Colbert fit ériger la baronnie en marquisat, sous le vocable de Villacerf. On désigna Saint-Sépulcre sous le nom de Villacerf-le-Grand, pour le distinguer de l'ancien, que l'on appela Villacerf-le-Petit. Mais, comme cette similitude de noms causait de la confusion, appliquée comme elle l'était à deux localités voisines, des lettres-patentes de janvier 1688 décidèrent que Villacerf-le-Petit perdrait définitivement son nom, « qu'il serait éteint et supprimé pour estre dorénavant appelé Riancey ». Édouard Colbert n'avait plus, du reste, aucun droit sur cette terre, qu'il s'était empressé de vendre à François Denis, président en la prévôté de Troyes, en 1668, peu de temps après l'acquisition qu'il avait faite du château d'Hesselin [1].

Transformer le nom de sa seigneurie ne suffisait pas à Édouard Colbert; il voulut reconstruire le château lui-même sur un plan plus noble et plus magnifique. Il est probable qu'il conserva la construction à peine achevée de Le Vau, car c'est elle sans doute que l'on désigne sous le nom de Vieux Château, dans des documents du dix-huitième siècle. L'avenue, qui reliait en ligne droite le château à la grande route de Paris à Troyes, aboutissait à une première anti-cour plantée d'arbres en quinconces, et faisait face à un corps de logis, que nous croyons être la construction de Le Vau, et qui garnissait l'un des côtés de ce que l'on appelait la seconde anti-cour, où se trouvaient des écuries et d'autres dépendances. A droite était l'entrée de la cour du nouveau château; cette cour était entourée de canaux rectangulaires alimentés par les eaux de la Seine, et l'on y pénétrait par un pont et une grille ornée de pilastres, surmontés de statues assises et portant des lances. A droite et à gauche de la grille et des deux côtés de la cour, on voyait de larges terrasses garnies de balustres de pierre, et dans le fond, une vaste façade aux proportions harmonieuses, dont le pavillon central, surmonté d'un fronton et d'une toiture en forme de dôme, se composait d'un péristyle orné de colonnes et supportant un balcon sur lequel s'ouvraient les trois fenêtres du premier étage. Deux corps de logis reliaient le pavillon central aux pavillons d'extrémité, se composant, comme ces corps de logis, d'un rez-de-chaussée formant sous-sol et de deux étages, comprenant chacun trois fenêtres. Le château était apprécié comme il suit par l'architecte lui-même, dans une notice qu'il fit

[1] Arch. de l'Aube, Reg. des mandements du roi, n° 18, fol. 2 et 3. — Ce changement de nom fut fait sur la demande d'Édouard Colbert et de Pierre Denis, maître en la Chambre des Comptes, et des autres héritiers de François Denis.

3

graver en tête de la série de dessins publiés par lui sur les constructions qu'il avait élevées par les ordres d'Édouard Colbert.

« La maison et chateau de Vilacerf est d'une nouvelle invention... et la plus belle manière de bastir pour la campagne; l'on ne monte que neuf marches aux principaux appartemens du costé de la court, et deux moyens escaliers dans les flancs des pavillons pour monter au second estage, qui rende (sic) dans le corridor d'en haut et qui dégage toutes les chambres dudit estage; car lorsqu'il y a un grand escalier, il occupe le plus beau de la maison et couppe les appartemens et fait une grande dépense, ce que j'ai voulu éviter par cette nouvelle manière de bastir; mais aussi faut-il avoir cette situation, la court étant plus haute que le jardin de unze pieds, ce qui fait la hauteur des offices et l'élégance et la beauté du bastiment du costé du jardin [1] ».

L'architecte qui s'exprimait ainsi, Pierre Cottard, n'avait pas la grande réputation de Le Vau; mais il n'en avait pas

[1] Le recueil Va 5 du Cabinet des Estampes de la Bibliothèque Nationale contient une suite de planches, précédée de la notice à laquelle nous empruntons ce passage, et qui a pour titre : « Ensuive les desseins du chasteau de Vilacerf ». Ces planches, la plupart signées : Cottart fecit, 1684, sont au nombre de dix, savoir : 1° Plan général du chasteau; 2° Cour et anti-cour; 3° Plan des appartements des sous-sol, premier et second étage; 4° Élévation... du costé du jardin; 5° Élévation et profil (cour et côté extérieur d'un des pavillons); 6° et 7° Profils du pavillon du dôme et d'un des pavillons d'extrémité; 8° Parterre, gravé par Le Bouteux; 9° Plan et élévation du chasteau d'eau de Villacerf (Cottard fec.); 10° Élévation du même château d'eau (gravé par Le Bouteux fils). On a intercalé dans cette série une planche plus belle et plus soignée, mais qui paraît avoir été faite postérieurement, et qui est intitulée : « Veue et perspective du chasteau de Villacerf du costé de la cour et de l'entrée, apartenant à Monseigneur le marquis de Vilacerf, surintendant et ordonnateur général des bâtimens de Sa Majesté... dédiée à mon dit seigneur par son très humble et très obéissant serviteur Cottart ». Cette belle gravure présente le château de Villacerf sous le même aspect que la lithographie faite par Gaussen, pour l'Annuaire de l'Aube de 1856; mais elle est plus détaillée et plus complète. Villacerf ayant succédé à Louvois dans sa charge de surintendant des bâtiments du roi, cette intéressante gravure est postérieure à 1691, date de la mort de Louvois.

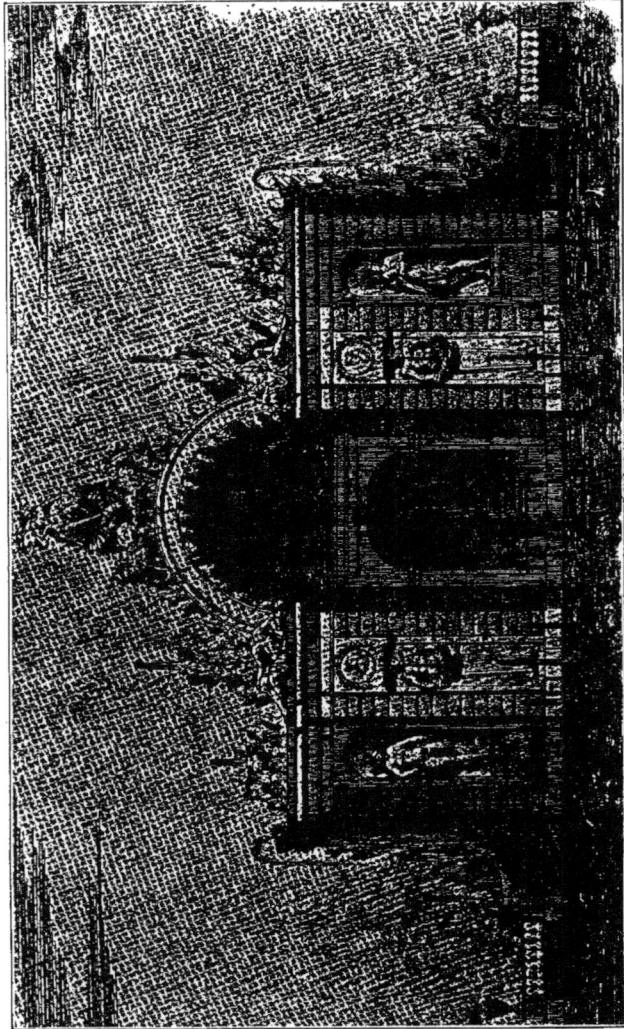

LE CHATEAU D'EAU DES JARDINS DE VILLACERF

D'après une gravure de Le Bouteux fils.

IMP. P. NOUEL

moins un réel mérite. À Paris, il avait construit l'hôtel d'Amelot de Bizeuil, rue du Temple, plus connu sous le nom d'hôtel de Hollande, ainsi que les bâtiments et la chapelle de la Merci, rue du Chaume. En 1665, il avait été appelé à terminer, à Troyes, les constructions de l'Hôtel de Ville, commencées en 1624, sous la direction de Louis Noble [1]. Par sa situation à la Cour, Édouard Colbert était à même de choisir un architecte en connaissance de cause; Cottard justifia sa confiance par l'aspect général d'élégance, de magnificence et de goût qu'il sut donner au château dont il dressa les plans et dirigea la construction.

Il dessina aussi les jardins, selon les principes de l'art de Le Nôtre, qui venait de créer les jardins des Tuileries, et surtout ceux de Versailles. A droite et à gauche du château s'étendaient, au-delà des fossés, des parterres de fleurs, dessinés en compartiments rectilignes et formant, par leurs contours intérieurs et la variété de leurs couleurs, des effets analogues à ceux des broderies. Au-delà des parterres s'élevaient des bosquets ou des bois percés d'allées rectilignes. En face du château, au-delà du parterre, une vaste pièce d'eau. Plusieurs canaux avaient été creusés vers le nord; à l'extrémité du plus grand d'entre eux qui, selon Cottard, avait 600 toises de long, était « un chasteau d'eau pour borner et arrester la vue de ce costé-là ». Il formait « une très belle pièce », présentant l'aspect d'un arc de triomphe, avec un portique central surmonté d'un fronton arrondi, orné de sculptures, contre lequel s'accotaient deux statues assises. Au-dessous, des statues mythologiques se dressaient dans des niches séparées par des pilastres, et se miraient, avec l'ensemble agrémenté d'ornements riches et fleuris, dans une pièce d'eau sur laquelle nageaient des cygnes, au milieu de jets d'eau. Cette façade luxueuse masquait une grande roue de trente pieds de diamètre et un corps de pompe, qui

[1] Lance, *Dictionnaire des Architectes*, t. I, p. 164. — Aufauvre, *Troyes et ses environs*, p. 121.

élevaient l'eau dans un réservoir destiné à l'alimentation de tous les jets d'eau du jardin [1].

La décoration intérieure du château devait répondre à la magnificence des façades et à la beauté des jardins. Colbert de Villacerf fit appel au ciseau de son compatriote Girardon, pour faire sculpter en marbre les bustes de Louis XIV et de Marie-Thérèse, qui décorèrent sans doute le salon du dôme, et qui sont aujourd'hui au Musée de Troyes. Les jolies statues d'amours assis, représentant l'Été et l'Automne, qui sont au même Musée, ornaient peut-être le vestibule [2]. L'inventaire de 1731, dont nous parlons plus loin, contient aussi la mention de meubles précieux réunis dans son château par Edouard Colbert.

Celui-ci, dont le portrait a été peint par Mignard et gravé par Edelinck, dont le buste a été sculpté par Girardon et par Desjardins [3], jouissait à la cour d'une grande considération. Ainsi que son frère Saint-Pouange, plus même encore que lui, il avait toute la confiance du roi, qui « avait pour lui beaucoup d'estime, d'amitié, de distinction ». « C'était, dit Saint-Simon, un homme brusque, mais franc, vrai, droit,

---

[1] Il y a des différences assez sensibles dans les détails, entre le *Plan et Élévation du chasteau d'eau...*, dessiné par Cottard, et l'*Élévation du château d'eau de Villaserf*, gravé par Le Bouteux fils. (A Paris, chez Langlois, rue Saint-Jacques, à la Victoire). Celui-ci est d'un aspect plus noble et plus riche. Sur l'ensemble des jardins et de l'enclos du château, il existe, au Cabinet des Estampes (V² 15), un plan manuscrit, rehaussé de couleurs, orné des armes des Colbert, et qui paraît être du commencement du XVIIᵉ siècle. Il présente quelques variantes, pour les constructions de la seconde anti-cour, avec les plans gravés de Cottard.

[2] Parmi les statues qui ornaient les abords du château se trouvait une statue plus grande que nature d'Atlas, qui a longtemps été recueillie au château de Sainte-Maure, et que la marquise de Chavaudon a fait transporter rue Bonaparte, à Paris, où l'avons vue il y a quelques années. (Voir Corrard de Breban, *Annuaire de 1856*, 2ᵉ p., p. 65.)

[3] Un moulage en plâtre du beau buste sculpté par Desjardins, dont l'original en marbre est au Louvre, a été donné par l'État au Musée de Troyes. — Citons aussi, comme curiosité, une gravure de notre siècle, tirée de la *Galerie de Versailles*, n°. 2309, avec ce titre : *Edouard Villacerf, marquis de Colbert*.

serviable et très bon ami. » Il avait acquis avec Louis XIV une
certaine familiarité. Un jour qu'il jouait à la paume avec lui,
il fit un coup douteux. « Le roi voulut qu'il fût jugé par la
galerie ; la reine, qui y était, se prononça pour le roi. Sur
quoi, Villacerf, en colère, s'écria... en jurant : « S'il ne s'en
tient qu'à faire juger nos femmes, je vais envoyer quérir la
mienne. » Le roi et tout ce qui était là rirent beaucoup de la
saillie. [1] »

La marquise de Villacerf, Geneviève Larcher [2], fille d'un
président en la Chambre des comptes, remplit les intentions
d'une sœur de ce président, Mme de Foujeu, qui avait légué
400 l. de rente et une somme de 1.000 livres pour l'entretien
et les frais d'établissement de deux sœurs à Villacerf. Par un
contrat passé le 30 août 1690 avec la supérieure de la com-
munauté des sœurs de charité, les deux sœurs s'engagèrent à
s'occuper « du service et secours des pauvres malades desdits
marquisat de Villacerf, Payens et dépendances, et à l'instruction des petites filles, en préférant toutefois le soulagement
des pauvres malades... » Elles doivent faire « elles-mêmes,
dit-on, les saignées, décoctions, ptisanes et infusions, en se
servant des drogues et autres choses qui leur seront données
et fournies, et suivre autant que possible l'ordre des méde-
cins et chirurgiens pour la composition des médecines, juleps
et autres remèdes. » Elles devaient visiter régulièrement plusieurs villages voisins, tels que Fontaine, Le Pavillon, Saint-
Mesmin et Coulanges ; et quoi qu'elles ne fussent pas obligés
d'y aller de novembre à avril, ni de se déranger la nuit, leur
tâche parut excéder leurs forces, à tel point que le marquis
et la marquise de Villacerf durent faire venir, en 1695, deux
sœurs en plus et s'engager à payer 400 l. pour leur entretien.
Comme les débordements d'hiver rendaient les communi-

---

[1] *Mém. de Saint-Simon*, éd. A. de Boislisle, t. VI, p. 326. Additions au
journal de Dangeau, p. 463.

[2] On a recueilli, au Musée de Troyes, une belle plaque de cheminée aux
armes des Colbert et des Larcher, provenant très vraisemblablement du château de Villacerf.

cations difficiles avec les villages voisins, il fut convenu qu'un passeur et un grand bateau seraient établis au bout de l'avenue de Villacerf « pour passer et repasser les sœurs ».

Afin de ne pas nuire aux maîtres d'école des villages, il était interdit aux sœurs de recevoir dans leurs classes les petites filles « qui seraient en commodité de biens, et encore moins aucun petit garçon, riche ou pauvre, quelque bas aage qu'il ayt. » Une maison leur était fournie par M. et Mme de Villacerf, « sans être obligées d'y loger ni admettre aucunes filles ni femmes, si ce n'est durant une heure de lecture spirituelle, qu'elles leur pourraient faire avant vespres et les jours de dimanches et fêtes, dans une salle et non dans la chambre où elles couchaient [1] ».

Cette fondation charitable, qui subsista jusqu'à la Révolution, montre que les propriétaires du château de Villacerf savaient se préoccuper des intérêts matériels et moraux des habitants de leurs seigneuries. En se préoccupant des besoins des autres, peut-être songeaient-ils aux chagrins qu'ils avaient eux-mêmes éprouvés. Leurs deux fils aînés avaient suivi la carrière des armes ; Edouard, le plus âgé, fut tué à la bataille de Cassel, en 1677 ; le second, François [2] périt au siège de Furnes, en 1693. Il leur restait deux autres fils : Charles-Maurice, qui était entré dans les ordres, et Pierre-Gilbert, d'abord chevalier de Malte, plus tard capitaine de vaisseau, conseiller d'État et maître-d'hôtel de la reine. Ce fut en faveur de Charles-Maurice, connu sous le nom de l'abbé de Villacerf, qu'Edouard Colbert et sa femme disposèrent, de leur vivant, par une donation du 5 février 1696, de la terre et marquisat de Villacerf, ainsi que des meubles, de la vaisselle, des orangers et des arbustes qui garnissaient le château et les jardins ; mais en même temps, l'abbé de Villacerf assurait, après sa mort, la propriété de la seigneurie à

[1] Arch. de l'Aube, E. 87.

[2] La terre de Payns fut érigée en marquisat en sa faveur, en juin 1665 ; après sa mort, elle passa à son frère Pierre. (Courtalon, t. III, p. 57.)

son frère puîné, Pierre-Gilbert, et le substituait à ses enfants, « pourvu que l'aîné ne fût pas engagé dans les ordres[1]. »

Edouard Colbert devait survivre de peu d'années à la cession du beau château qu'il avait fait construire. Son premier commis, Mesmyn, ayant abusé de sa confiance, il donna sa démission de surintendant des bâtiments, et mourut en 1699, « ne pouvant s'accoutumer à avoir été trompé et à n'être plus rien », dit Saint-Simon, qui ajoute : « Il fut généralement plaint et regretté[2]. »

III

L'ABBÉ DE VILLACERF

Si le grand Colbert contribua largement à la prospérité de la France, il n'oublia pas les intérêts de sa famille. Ses parents furent pourvus de charges importantes, et ceux qui appartenaient au clergé, de bénéfices considérables et de sièges épiscopaux lucratifs. L'abbé de Villacerf ne devint pas, il est vrai, évêque ou archevêque comme deux de ses oncles et quelques-uns de ses cousins ; mais, doté de deux abbayes, celles de Neauphle et de Saint-André-en-Gouffern[3], il obtint, en outre, la situation enviée d'agent général du clergé de France. Avec le produit de sa fortune personnelle et de ses

---

[1] Arch. de l'Aube, section judiciaire, n° 1172.

[2] *Mémoires*, t. VI, p. 93 et 326. Voir aussi Dangeau, *Journal*, t. VI, — *Mém.* du marquis de Sourches, t. VI, p. 112.) — Villacerf habitait à Paris, rue de l'Egout, aujourd'hui rue Turenne, n° 23, un bel hôtel dont la façade sur la cour, décorée de pilastres corinthiens et de frontons, subsiste encore. De l'autre côté du bâtiment, un perron magistral descend au jardin qui s'étendait jusqu'à la rue Sévigné. Dans sa chapelle, à l'église des Minimes, Nicolas Coustou sculpta son médaillon, entouré d'une draperie. (E. de Menorval, *l'Éclair* du 25 août 1896.)

[3] Neauphle-le-Vieux, diocèse de Chartres, rapportait 4.500 l., Saint-André, diocèse de Séez, 7.000 l., puis 24.000 l.

bénéfices, cet ecclésiastique de cour pouvait mener un train de grand seigneur dans son château de Villacerf.

Nombreux est son personnel de domestiques. S'il a un chapelain qui figure en tête, il a trois valets de chambre, dont l'un est tapissier, un autre chirurgien ; un maître-d'hôtel préside aux offices ; un chef de cuisine, Saint-Paul, a sous ses ordres un rôtisseur, un pourvoyeur et un garçon de cuisine. Quatre laquais, deux frotteurs font le service intérieur de la maison. Un cocher, un postillon et un palefrenier s'occupent des écuries. A la basse-cour, sont attachés un charretier, un vacher, un dindonnier, deux servantes et une boulangère. Deux jardiniers, un vigneron, un garde-chasse veillent aux soins qu'exige la propriété. Enfin, un portier, pourvu d'une servante, est chargé de la « conciergerie [1] ».

Le mobilier, qui garnit l'intérieur du château et qui date sans doute en grande partie du temps d'Edouard Colbert, révèle une existence large et somptueuse. Un vestibule, que peuvent éclairer le soir huit bras de bois doré, accède à une salle de billard et à un vaste salon, décoré d'un lustre et de deux bras de bronze doré. Des vases de porcelaine sont posés sur neuf consoles de bois doré. La cheminée, surmontée d'une glace, est accompagnée de deux figures de bronze. Trois tables, dont l'une de marbre avec son pied de bois doré [2] et

---

[1] État de ce qui est dû aux domestiques de l'abbé de Villacerf. Arch. de l'Aube, sect. judiciaire, n° 1172. — Le maître-d'hôtel, La Fontaine, reçoit 400 l. de gages par an ; le valet de chambre, Stiche, 250 l. ; le garçon de cuisine, 100 l. ; le vacher, 30 l. ; le dindonnier, 15 l. ; les filles de basse-cour, 36 et 39 l. — Les domestiques ne lavaient pas les carreaux du château et de ses dépendances ; François Clément, père et fils, vitriers à Troyes, recevaient 90 l. pour s'acquitter une fois par an de cette tâche. Ce marché, passé en 1685, fut renouvelé en 1699 et en 1725 à des conditions analogues avec le vitrier François Dragon ou Drugeon et sa veuve. Les compagnons devaient être logés et couchés à Villacerf pendant les travaux, qui comportaient sans doute le remplacement des carreaux cassés. (Arch. de l'Aube, E. 87.)

[2] Estimée 60 l. C'est peut-être celle qui est au Musée de Troyes. Le lustre et les deux bras sont estimés 500 l. ; le trictrac, 60 l. ; les fauteuils et tabourets, 350 l. ; la pendule, 150 l.

l'autre à « trictrac », en bois de violette, à pied de biche, gar-
nissent la salle, avec six fauteuils, deux confessionnaux
(sortes de grands sièges confortables), et quatre tabourets à
pieds de biche, couverts de « tapisserie à painctre ». Aucun
tableau n'est mentionné, mais on cite dans cette pièce une
grande pendule avec son pied.

Il y a en revanche de nombreuses peintures dans la chambre
voisine, qui est sans doute la chambre à coucher d'apparat :
huit tableaux à cadres dorés, de sujets divers, onze portraits
de famille, plus deux petits médaillons de marbre. Le lit,
qui rappelle pour la mollesse celui que Boileau décrit dans
le *Lutrin*, est dit « à la duchesse », garni de satin cramoisi à
galons d'or fin ; la tenture est en damas cramoisi et aurore,
avec une tapisserie d'Angleterre à personnages [1].

Le château renferme un nombre considérable de chambres
à coucher, pour la plupart numérotées, tendues de tapisseries
de haute lisse, de brocatelle aurore et bleue ou d'autres couleurs, munies de lits garnis de toile de coton, de damas et
velours bleu ciselé, de damas vert ou rouge, de brocatelle
damassée, de serge jaune, « de taffetas blanc couvert de
raizeau de soie plate [2] » ; quelques tableaux, des christs, des
miroirs, ornent les murs.

A côté de la chambre d'honneur s'ouvre un cabinet, dit le
cabinet de faïence, sans doute à cause du cabaret garni de
porcelaines et des pièces de porcelaine qui le décorent. Il est

---

[1] Le lit, évalué 800 l. ; la tenture, 300 l. ; la tapisserie, 110 l.

[2] Signalons dans l'inventaire de 1731 : dans une chambre, un Christ avec
son cadre de bois doré et ciselé, 10 l. (ce Christ serait aujourd'hui chez un
amateur de Troyes) ; lit de toile de coton, 250 l. ; un grand miroir, 70 l. ;
canapé de damas cramoisi, garni de son matelas et deux traversins, quatre
fauteuils et quatre chaises de velours ciselé, 1.220 l. — Autre chambre : lit à
l'antique, damas cramoisi, 400 l. — Autre : tapisserie haute lisse, 200 l. ; lit
velours vert ciselé, 400 l. — Chambre n° 4 : lit damas et velours bleu ciselé,
350 l. — Chambre n° 3 : la garde-robe est tendue de cuir doré, 70 l. —
Chambre n° 2 : tentures haute lisse à personnages, 140 l. bois de lit en noyer
à colonnes avec garniture de damas vert. — Autre chambre : lit de serge
jaune, 230 l.

garni de deux canapés de panne rouge et de tapisseries à pavots; des rideaux de taffetas cramoisi, bordés de franges d'argent faux, pendent aux fenêtres.

Si nous pénétrons dans la garde-robe voisine, elle nous révélera des particularités assez curieuses sur les costumes de l'abbé. On y voit figurer un habit de velours noir, à côté d'un habit de drap brun doublé de velours violet; une robe de chambre de damas noir auprès d'une autre de satin citron [1]. Il s'y trouve aussi deux manchons : l'un de martre, l'autre de renard du Canada.

Les bains sont en usage dans le château, comme l'attestent les « taies de baignoire », les chemises de bains, les « deux impériales et baignoires, avec leurs tringles et rideaux de toile rousse garnis de nœuds », qu'on signale dans une autre partie de l'édifice.

Il y a d'autres cabinets dans le château, où l'on conserve des objets qui attestent les goûts de l'abbé. L'un d'eux renferme un grand bureau de bois de chêne, à douze tiroirs, avec tablettes garnies de bandes de damas vert, et un autre bureau à dix-huit tiroirs. Quatre étuis contenant des instruments de mathématiques y sont conservés. Dans un autre cabinet, à côté d'une boussole d'argent, sont renfermés d'autres objets précieux : un étui garni d'un « porte-créon », d'un compas et de deux cure-oreilles d'or; des boucles d'or; une bague d'améthyste accompagnée de deux brillants. On y garde aussi des tabatières, soit de peau de chien de mer doublée de vermeil, soit d'écaille blonde incrustée d'or; une « tabagie de marbre blanc, à six pots garnis de leur couvercle, sur un pied de bois », et même une pipe garnie d'argent. Il est vraisemblable que l'abbé ait prisé; mais la pipe n'était-elle pas destinée à son frère, qui était capitaine de vaisseau?

Le cabinet où l'on gardait la pipe était élégamment meublé de consoles de bois d'oré, d'une petite table de bois doré, et d'un « petit cabinet de la Chine, garni d'écaille

[1] Mémoire de la garde-robe de l'abbé. (Arch. jud., Aube, n° 1172.)

incrustée de cuivre, sur un pied de bois doré, et décoré de
seize piè es de porcelaine et de faïence ». Des tablettes,
placées contre les murs, recevaient des livres, dont le prix
fut évalué par le libraire de Troyes, François Bouillerot,
à 1.790 l.

La valeur de l'argenterie était bien plus considérable.
C'était, à cette époque, le plus grand luxe des grands seigneurs
et des riches parvenus. L'abbé de Villacerf possède en argenterie quatorze flambeaux, deux grandes aiguières de buffet,
une aiguière et d'autres ustensiles de toilette, tels qu'un bas-
sin à barbe, deux plats à potage, dix-sept plats ronds et deux
longs, six douzaines d'assiettes, vingt-neuf cuillers et trente
fourchettes, sans compter les cuillers à potage, à ragoûts, à
olive, les douze « attelois [1] » et les deux « tiremoesle [2] ».

L'argenterie conservée dans une chapelle est aussi d'une
grande richesse, comme il convient à un bénéficier bien
renté. Cette chapelle, que l'abbé avait fait disposer, en 1726,
pour y entendre plus commodément la messe, est tendue,
ainsi que la sacristie, de cuir doré; un retable de chêne
s'élève au-dessus de l'autel; des tabourets garnis de velours
violet, de damas rouge et de canne, sont disposés pour les
maîtres et les serviteurs. On avait conservé, en outre, l'ancienne chapelle, dédiée à saint Édouard, qui n'avait été
dépouillée d'aucun de ses ornements, sauf du retable d'autel [3].

Plusieurs chambres meublées avec une certaine recherche
sont situées dans le bâtiment que l'on appelle « le Vieux-
Château », sans doute le château construit par Hesselin; je
remarque, entre autres, deux lits jumeaux, garnis de taffetas
blanc à réseau de soie plate. Le vieux château abrite aussi la

---

[1] Ou attelets, petites brochettes servant à enfiler les petits oiseaux et les
éperlans. (Havard, *Dictionnaire du Mobilier*, t. 1, p. 192.)

[2] Cette argenterie fut estimée plus de 15.000 l. par l'orfèvre de Troyes,
Nicolas-Jean-Baptiste Rondot, qui dut réclamer, ainsi que le libraire Bouillerot,
pour le règlement de ses honoraires.

[3] Visite de la nouvelle chapelle de Villacerf, Arch. de l'Aube, E. 87.

boulangerie, et la buerie n'en est pas loin. Près de là aussi se trouvent la grande écurie et les remises qui contiennent, à l'époque de la mort de l'abbé : une chaise de poste à trois glaces, garnie de velours cramoisi; une calèche garnie de panne cramoisie, avec rideaux de taffetas vert; une berline munie de glaces et doublée de drap gris[1]. Malgré la largeur des avenues, les accès du château ne sont pas faciles; il faut une berline à quatre chevaux pour s'y rendre de Troyes[2], et, en 1737, un certain abbé Lefebvre écrit de cette ville : « Les chemins d'ici Villacerf sont si mauvais qu'on dit que je ne m'en tirerai pas, et qu'on est obligé de vous faire trouver un carrosse en deçà de la rivière, que vous passerez en nacelle[3] ».

On circule plus aisément dans les allées sablées des jardins, où l'on peut se faire traîner dans « deux fauteuils montés sur deux trains... avec dais, garnis de rideaux de taffetas vert ». Vingt-deux orangers et citronniers, conservés l'hiver dans une orangerie, parent ces allées, bordées sur certains points de charmilles taillées. Les jets d'eau sont toujours alimentés par la machine du château d'eau, bien que des malfaiteurs aient enlevé une grande quantité de tuyaux de plomb, que des marchands de Troyes furent accusés d'avoir recélés. Trois potagers, dont les murs sont tapissés de vignes, fournissent en abondance des légumes aux habitants du château[4].

---

[1] Inventaire de 1731.

[2] Mémoire du sr Hateau à Leduit, greffier du bailliage. La berline est louée, pour la journée, 10 l.; une chaise, avec deux chevaux, 5 l.; un cheval de selle, 1 l. (Arch. de l'Aube, sect. jud., n° 1172.)

[3] Arch. de l'Aube, C. 1848. Quand l'abbé voyage, il lui faut de huit à dix chevaux pour son carrosse et ses domestiques. (Compte pour son équipage, 1731, mêmes Archives, sect. judiciaire, n° 1172.)

[4] Marché avec Pierre Simon, jardinier, qui, moyennant 200 l. de gages et 6 septiers de froment, doit fournir toutes sortes de légumes, suivant les temps et saisons (1731). (Arch. de l'Aube, E, 87.)

L'existence de l'abbé de Villacerf, dans ce beau château, entouré de riants jardins, était-elle digne de son caractère ecclésiastique? Fut-elle utile et salutaire aux habitants des villages qui dépendaient de sa seigneurie? Il est permis d'en douter, et de voir en lui un des représentants les moins édifiants du clergé d'autrefois, qui contenait beaucoup de membres éminents et vertueux, mais aussi des personnages qui profitaient de fondations anciennes, sans rendre les services pour lesquels elles avaient été instituées. Saint-Simon dit de lui qu' « il mourut riche en bénéfices, dans une honteuse vie [1] ». Faisait-il allusion à l'ascendant qu'avait pris sur lui Marie - Madeleine du Hallier des Châteaux, dame de la Chesnaye, qui passait pour tout diriger au château de Villacerf [2], et que l'abbé institua, par son testament du 26 octobre 1726, sa légataire universelle, la priant de lui rendre ce dernier service, « après tous ceux qu'elle a bien voulu lui rendre de son vivant » ? Mme de la Chesnaye renonça, il est vrai, à la qualité de légataire universelle; mais elle conserva une rente de 1.500 l. et d'autres avantages, tandis que la terre et la seigneurie de Villacerf revenaient, aux termes de la donation de 1696, à Pierre-Gilbert Colbert, premier maître d'hôtel de la reine et frère de l'abbé [3]. Celui-ci avait demandé un « enterrement très simple », et, à une époque où l'on faisait dire beaucoup de messes et où l'on s'honorait de faire par testament de nombreuses libéralités charitables, il se contentait de prescrire 200 messes à 15 sous pour le repos de son âme et de faire distribuer 500 l. aux pauvres des

---

[1] Additions au Journal de Dangeau, Mém. de Saint-Simon, éd. A. de Boislisle, t. VI, p. 463.

[2] Réflexions pour les sieur et demoiselle Truelle... contre l'abbé de Villacerf, in-folio de 7 pages, 1731. (Arch. de l'Aube, E, 87.) — Mme de la Chesnaye avait son appartement au château; elle fournit, lors de l'inventaire, le détail des meubles qui se trouvent, écrit-elle, « dans le partement que jocupe (sic) ».

[3] La duchesse de Saint-Aignan, sa nièce, née de Besmaux, et dont le mari était ambassadeur à Rome, héritait aussi de l'abbé. Elle mourut en 1734, à Rome. (Arch. jud. de l'Aube, n° 1172.)

quatre villages de la seigneurie de Villacerf par les soins des sœurs de charité [1].

I V

LES COMTESSES DE BAVIÈRE

Les héritiers de l'abbé de Villacerf ne conservèrent pas longtemps le château construit par Édouard Colbert. Après la mort de Pierre Colbert [2], la terre de Villacerf fut vendue par licitation, en 1738, à Emmanuel-François-Joseph, comte de Bavière, grand d'Espagne et lieutenant-général des armées du roi [3]. On sait qu'à diverses reprises les rois de France mirent à la tête de leurs troupes des étrangers, qui combattirent vaillamment pour leur cause. Les plus illustres furent le maréchal de Berwick, fils naturel de Jacques II, roi d'Angleterre, et le maréchal de Saxe, fils naturel d'Auguste II, électeur de Saxe et roi de Pologne. Le comte de Bavière était aussi fils naturel d'un électeur, l'électeur de Bavière, Maxi-

---

[1] Arch. de l'Aube, sect. jud., n° 1172. — Les frais d'inventaire de sa succession montèrent à 3.679 l. 9 s. 8 d., dont 520 pour le lieutenant général du bailliage, 316 pour chacun des quatre procureurs ou avoués; il y eut 500 rôles payés 156 l. 5 s. — Peut-être l'église de Villacerf tient-elle de l'abbé de Villacerf un médiocre tableau, du milieu du XVIIe siècle, représentant un prêtre en chaire, prêchant à une réunion d'hommes, de femmes et d'enfants? Au pied de la chaire est un fidèle endormi. M. Fichot signale une pierre tombale presque usée par le frottement, qui sert de seuil à la porte d'une maison du village, et que nous croyons être la tombe de l'abbé Charles-Maurice Colbert, plutôt que celle de l'évêque de Montpellier, Charles-Joachim Colbert, mort vers la même époque et qui n'appartenait pas à la branche des Colbert de Villacerf.

[2] Il mourut en mars 1733, ne laissant que des filles, les marquises de Crussol, Doria, de Tuffort et la comtesse de Villemont.

[3] Arch. de l'Aube, E. 86. — Il était aussi gouverneur de Péronne et grand bailli de Royes et de Montdidier.

milien ; il épousa Marie-Joséphine-Caroline, fille naturelle du fils de cet électeur, qui devint empereur d'Allemagne sous le nom de Charles VII. Aussi, la Cour de France trouva-t-elle à propos de désigner pour la représenter au sacre de l'empereur Charles VII, qui eut lieu à Francfort, en 1744, le comte de Bavière, qui était attaché à ce prince par de doubles liens de parenté illégitime. C'est pendant son séjour à Francfort que la comtesse mit au monde une fille, Marie-Amélie-Françoise-Xavière [1], qui devint plus tard comtesse d'Hautefort et marquise de Villacerf.

Le comte de Bavière, colonel à dix-sept ans du régiment au service de la France, Royal-Bavière, fut nommé gouverneur de Prague en 1742, et, en qualité de lieutenant-général, commanda, en 1747, la cavalerie à la bataille de Lawfeld, où il fut tué en combattant pour la France [2].

Marie-Amélie de Bavière épousa, en 1761, à l'âge de dix-sept ans, Armand-Charles-Emmanuel, comte d'Hautefort, qui en avait vingt [3]. Ce mariage ne fut pas heureux ; les deux époux ne tardèrent pas à se séparer, et Amélie d'Hautefort vécut avec sa mère, la comtesse de Bavière, soit à Paris [4], soit au château de Villacerf, où elles passaient une partie de l'année.

Ces séjours étaient assez irréguliers. Nous en connaissons la durée, à partir de 1784, par le registre des dépenses de

---

[1] Son acte de baptême, à Francfort, est du 3 décembre 1744.

[2] Ses équipages et effets furent vendus à Tongres, en Flandres, après son décès, moyennant la somme de 12.510.l., qui furent absorbés par les dépenses qu'il avait faites dans ses campagnes. Dufort de Cheverny dit, dans ses *Mémoires* (t. I, p. 119), que, très distrait, il se tua en chargeant un pistolet d'arçon. Le duc de Luynes et d'autres disent qu'il fut tué à Lawfeld. Voir une supplique adressée à Napoléon par sa fille, où elle énumère ses états de service. Le comte de Bavière recevait une pension du roi, que le cardinal de Fleury augmenta en 1736, en lui accordant des droits de préséance à la Cour. (Lettre du prince de Grinbergen, du 21 mars 1736. Doc. particuliers.)

[3] La Chesnaye des Bois, t. II, p. 593 ; t. X, p. 399.

[4] Leur hôtel était situé, en 1788, au n° 47 de la rue des Saints-Pères. (*État actuel de Paris, quartier Saint-Germain*, p. 67.)

bouche des deux comtesses de Bavière et d'Hautefort[1].
En 1785, elles restent à Villacerf du 1er août au 19 décembre;
en 1787, du milieu d'août au milieu de février. En 1788,
elles y séjournent tout l'hiver, et toute l'année en 1789
et 1790.

Pendant l'absence des maîtresses, le concierge exerçait
dans le château à peu près les fonctions de majordome,
quoiqu'il y eût un régisseur des biens, qui recevait 750 l.
de gages. Le concierge, qui en avait 500, était meublé avec
un certain luxe; dans une alcôve, tendue en tapisserie de
haute lisse, était placé son grand lit à colonnes, garni de serge
verte, orné de pentes et de bonnes grâces de tapisserie
doublée de satin vert, avec couvre-pieds en satin piqué.
Quatre petites consoles en bois doré, une petite table à cinq
pans et à pieds tournés, une armoire en « bois placage »,
meublent la chambre, à côté de laquelle est un cabinet tendu
de tapisseries de Bergame et à point de Hongrie. Non loin de
là est la cuisine du concierge et la chambre de sa servante.

Le concierge payait les fournisseurs et les ouvriers.
« Il aura soin, est-il stipulé, de retirer des quittances de tous
les payemens qu'il fera et de les enfiler par ordre de datte...
Il se fera donner par le garde une pièce de gibier par semaine,
sans préjudice de celui qu'il luy faudra lorsque les juges du
bailliage viendront chez luy ». Il est chargé, en outre, de
l'exploitation du « genevièvre de la garenne », de replanter
les sapins en face de la cascade, de bien entretenir la pépi-

---

[1] Ces comptes, tenus par Louis Naquet, sont intéressants par l'indication
qu'ils donnent sur le prix des vivres. En 1784, on paie, à Paris, les œufs
frais, 3 s. et 3 s. 6 d. la douzaine; un poulet gras, 2 l. 8 s.; une poularde, 4 l. 5 s.;
un dindon, 4 ou 5 l.; un perdreau, en mars, 1 l. 10 s.; trois gros pigeons de
volière, 2 l. 5 s.; vingt-six harengs, 2 l. 10 s.; la livre de viande, 9 s. —
A Villacerf, le beurre vaut 15 s. la livre; le lait, 3 s. la pinte. Pendant le
séjour à Paris, on envoyait de Villacerf, où vingt paires de poulets coûtaient
15 l. et 20 dindes 30 l., des paniers de volailles et de gibier, dont le port
était de 8 l. et quelques sous. On apportait de Paris à Villacerf des provisions
de morue pour les jours maigres, quoique l'on fît gras le samedi. (Arch. de
l'Aube, E. 61.)

nière, « de faire tailler à la fin de septembre l'allée des tilleuls, les arbres de la cour verte, d'élaguer les arbres du damier... » Il a la haute main sur le jardinier, dont il paie les gages, montant à 600 l. par an ; il achète pour lui des cloches de verre [1] et des fleurs, telles que des renoncules, qu'on fait venir de Troyes [2].

Il pourvoit à quelques-unes des dépenses de la chasse ; ainsi, en 1775, il paie 36 l. pour la nourriture des furets ; il va fureter les renards aux garennes ; il se munit de paniers à gibier. Il paie les gages du garde-chasse, 375 l. C'est lui aussi qui règle les comptes de certains ouvriers ; les journées des manouvriers sont de 15 s. ; celles des scieurs de long, de 20 s. Le prix des journées avait augmenté depuis 1757, où celle des manouvriers et des élagueurs d'arbres n'était que de 12 s. [3]

L'entretien des pièces d'eau est sous sa surveillance. Celui qui en est spécialement chargé reçoit 200 l. par an. A certaines époques, on procède au « recurage des fossés », longue et coûteuse besogne. On fait aussi des travaux aux « cascades ». Chaque hiver, des gens de corvée, qui reçoivent de 4 à 6 s. par jour, viennent casser sur les pièces d'eau la glace, qu'ils portent dans une glacière, où l'on conserve la viande au frais pendant l'été [4].

Dans les allées de ce jardin, aux larges allées bordées d'arbres souvent élagués, la comtesse de Bavière pouvait se

---

[1] Un cent de belles cloches, 63 l. ; deux cents cloches de verre, 120 l.

[2] Il paie au maître d'école de Fontaine 16 l. « pour avoir refait les haies de Fontaine ».

[3] En 1759, l'entretien des jardins s'élevait à 668 l. 13 s. On payait, en 1757, pour six mois d'entretien de la faisanderie, du Bois-Madame et de la cour du château, 24 l. ; pour six mois d'entretien des parterres, 40 l. (Arch. de l'Aube, E. 59.)

[4] Ils enlèvent aussi les feuilles du parc. En avril 1759, onze manouvriers de Villacerf emploient deux jours à cette corvée, pour laquelle ils reçoivent 4 l. 8 s. A cette époque, on remettait d'ordinaire 3 à 4 s. à chaque homme ou femme de corvée, et les laboureurs qui venaient avec leurs chevaux touchaient de 6 à 12 s. (Arch. de l'Aube, E. 59.)

faire traîner dans une « bourouette à deux roues », sorte de
vinaigrette découverte qu'on remisait dans le vestibule. Ce
vestibule était orné de deux « figures en marbre » placées sur
des piédestaux. La distribution intérieure ne paraissait pas
avoir été modifiée depuis les Colbert ; mais une pièce avait
été spécialement affectée aux repas, suivant l'usage qui avait
prévalu vers le milieu du xviiie siècle d'établir des salles à
manger dans les maisons de la noblesse et de la riche bour-
geoisie. Cette salle à manger, décorée de deux fontaines à
coquille, avec figures de pierre et ornements de cuivre, d'un
lustre de cristal, avec contrepoids en plomb, d'un grand portrait de famille, était garnie de quatre tables à manger et de
« dix-huit chaises d'antichambre, couvertes en peau noire ».
La salle voisine, qualifiée de « salle de billard », paraît être la
pièce d'apparat et de réunion. Elle est vaste et garnie de nombreux meubles. Il s'y trouve bien un « grand billard avec ses
billes » mais il y a aussi une grande table ronde, des tables à
jouer aux cartes, au trictrac, au trou-madame, cinq ban-
quettes, un grand canapé, deux confessionnaux, quatre
tabourets, tous recouverts de tapisserie d'Aubusson à pavots
sur fond blanc, plus « douze cabriolets de velours d'Utrecht rayé
rouge et blanc » et six chaises à la reine à « cartouche » et en
tapisserie ». La cheminée, garnie de quelques pièces de faïence,
est décorée d'un grand dais de damas vert passé, orné de
galons d'argent. Une pendule ronde, dans un médaillon de
bois doré, est surmontée d'un grand tableau. Une « lampe
ronde en verre, avec son plomb et cordon » est suspendue
sans doute au-dessus du billard.

La décoration des appartements particuliers paraît remon-
ter aux Colbert. On a conservé, notamment dans les chambres
des comtesses de Bavière et d'Hautefort, des tapisseries de
haute lisse à verdure ou à personnages, que la mode a fait
d'ordinaire abandonner depuis la fin du règne de Louis XIV,
pour y substituer des boiseries peintes et dorées. La chambre
de la comtesse de Bavière devait avoir un aspect sévère avec
son lit à colonnes, à housse de velours cramoisi doublé de

moire, ses six fauteuils à l'antique garnis de tapisserie, sa
commode à six tiroirs, sa table de palissandre « en toilette
de campagne ». Il s'y trouve, il est vrai, une console de bois
doré. La pièce communique avec un cabinet de toilette, une
garde-robe[1] et la chambre de la femme de chambre, dont le lit
à baldaquin est tendu de siamoise, tandis que les murs sont
revêtus de tapisseries à personnages et de cuir bouilli.

Plus luxueux est l'appartement de la comtesse d'Hautefort.
Le lit est garni de « damas vert orné et brodé en étoffe argand,
avec pantes, soubassement, chantourné, et bonnes grâces
pareils ». De grandes glaces sont placées sur la cheminée et
entre les deux croisées. Plusieurs écrans, dont un grand en
tapisserie, un lustre en cuivre doré et moulu, deux petites
bibliothèques « à hormoire », une petite table ronde à deux
étages, un crucifix sur velours violet avec cadre doré, un
grand tableau sur lequel est peint un cardinal, sont les principaux objets qui attirent l'attention dans cette pièce meublée
d'un canapé et de six fauteuils de bois doré garnis de tapisseries. Auprès de là se trouve le cabinet de toilette, véritable
boudoir, avec chaise longue de panne rouge, grande bergère
de damas jaune, secrétaire à pied de biche en palissandre,
six tableaux à cadre doré, bibliothèque à pieds dorés, crucifix sur velours noir[2]. La comtesse d'Hautefort aime la lecture,
car près de sa garde-robe est une bibliothèque garnie d'un
grand nombre de livres, dont il a été conservé deux catalogues rédigés en 1775 et en 1784[3].

Ces catalogues attestent les goûts de la femme de qualité
qui les possédait. Presque tous sont de publication récente;
le roman et le théâtre y dominent; il y a peu de poésies,
quelques voyages, quelques ouvrages de morale et d'histoire,
des mémoires, des traités de jardinage et des livres de dévotion.

---

[1] Dans cette garde-robe se trouve un « siège commodité garni en velours
du tréque » (sic). (Inv. de 1793.)

[2] État des meubles du château, Archives de l'Aube, 4 Q. 3.

[3] Arch. de l'Aube, E. 87.

Les publications de luxe y sont rares ; on peut citer cependant parmi elles les quatre volumes in-folio des Fables de la Fontaine, avec les figures de Cochin. La nomenclature la plus considérable est celle des pièces de théâtre ; presque toutes celles qui ont été publiées depuis 1760 y figurent ; on paraît être au courant de toutes celles qui paraissent, et l'on a ajouté, après la clôture de chacun des catalogues, le Barbier de Séville, en 1775, et la Folle journée, en 1785. Il y a même deux exemplaires de cette dernière comédie, plus connue sous le nom de Mariage de Figaro. C'est qu'il y a un théâtre au château de Villacerf, comme dans tous les grands châteaux de cette époque, dans ceux de Brienne et de La Chapelle-Godefroy notamment. Si ce théâtre paraît abandonné au commencement de la Révolution, il n'en a pas moins eu ses décors, ses « fonds et ses coulisses ». On y jouait la comédie, même des farces, dans les fêtes que pendant la belle saison donnaient les châtelaines de Villacerf. La fête d'Amélie d'Hautefort était une occasion de réjouissances annuelles. M. d'Hermand lui écrit, le 8 juillet 1784, que son départ pour les Canaries ne lui permettra pas d'aller à Villacerf pour cette circonstance... « Le pic de Ténériffe, dit-il, ne vaudra jamais pour moi la garenne des Buis... L'espérance de jouer l'année prochaine un rôle dans une fête dont j'attendrai le retour avec la plus vive impatience, ne me console qu'à moitié de la perte du présent qui me fuit. » Et sa mère, Mme d'Hermand, née de Purgold, exprime ses regrets, « inhumée, comme elle est, dans les préparatifs de départ de son fils, de ne pouvoir aller à Villacerf. » « J'y vois arriver, écrit-elle, Mme Belly, M. Carré, M. l'abbé Maydieu. J'envie leur sort, même M. Bossu, qui nous aurait fait crever de rire, vos femmes jouant quelques farces, que je suis fâchée de n'être pas à même de partager leurs joies et de ne pas fêter ma chère et charmante Amélie ! »[1]

Le château reçoit, en effet, de nombreux hôtes, tant de

---

[1] Documents particuliers.

Paris que de Troyes ; il abrite certains habitués et une domesticité quelque peu relevée, qui constituent presque une petite cour. De grandes dames, comme la duchesse de Lesparre et la princesse de Chimay, ont leur appartement attitré. Celui de la duchesse est meublée dans le goût simple à la mode dans certaines résidences d'été ; le lit est à l'impériale, garni et tendu d'étoffe de coton broché ; les fauteuils sont en paille, avec des carreaux de toile orange. L'inventaire de la Révolution y signale « une petite boutique de savetier en pierre de taille », qui pourrait bien être du biscuit, d'après un modèle de Cyfflé. L'appartement de madame de Chimay est garni, à la moderne, de papier collé sur toile ; les rideaux de fenêtre sont en toile de coton, « falbanattés », mais le mobilier est plus riche ; outre des grandes glaces, sur la cheminée et la commode, on y voit « six cabriolets et une bergère à pieds cannelés, garnie en satin blanc peint, et un grand lit à impériale, avec bonnes grâces, pantes et courtepointe en satin argent et à fleurs, bordés de galons et de crêtes aurore [1]. » Chacune de ces pièces est accompagnée d'un grand cabinet avec lit, sans nul doute destiné à une femme de chambre.

D'autres pièces sont aussi appropriées pour des hôtes de distinction ; quelques-unes désignées par des numéros, comme au temps de l'abbé de Villacerf ; d'autres, par la couleur de la tenture : damas cramoisi, brocatelle verte et rouge. Puis viennent des chambres, moins importantes, mais encore meublées avec un certain luxe, abritant des amies peu fortunées, des dames de compagnie, des femmes de chambre d'un ordre un peu relevé [2], des hommes d'affaires ;

---

[1] Le scribe qui a transcrit l'inventaire a écrit horrore !

[2] Il est fait mention de nombreuses chambres de domestiques d'un ordre inférieur : rôtisseur, élagueur, layeur, cocher, postillon ; celles-ci sont meublées de la manière la plus sommaire. Nous passons aussi sur les communs, les cuisines, office, hangars, etc. ; le garde-meuble, contenant des paravents et de vieilles étoffes, quelques tapisseries. — L'appartement des bains est assez luxueux ; le cabinet contient deux grandes baignoires de cuivre rouge, avec housses à baldaquin ovale en toile brodée à chaînettes, et un grand miroir à bordure de glaces, entre les deux croisées.

Mlle Mefrance, Mme Guilleminot, Mme Adélaïde, Mme Mignot, Mme Nogent, M. Guilleminot; M. Carré, avocat; M. le Curé.

« Monsieur le curé », à l'époque de la Révolution, était l'abbé Saget, qui resta attaché à la comtesse d'Hautefort dans la mauvaise comme dans la bonne fortune, et demeura en relations suivies avec elle, comme l'atteste sa correspondance, que nous avons acquise à la vente du libraire Alexis Socard. Il était sans doute aumônier de sa chapelle, ornée de deux grands tableaux à bordure de marbre, de cinq petits tableaux, de deux petites figures dorées, et garnies de chaises, prie-Dieu, tabourets à pieds tournés, à l'antique, recouverts de damas vert et de carreaux de velours et de drap. Mme d'Hautefort, qui accueillait volontiers à Villacerf l'abbé Maydieu, litté-rateur distingué, auteur de la *Vertueuse Portugaise*, témoignait un grand zèle pour les intérêts du culte, comme l'atteste une ordonnance de police qui fut rendue en son nom, en 1789, pour réprimer la fréquentation des cabarets pendant les offices des dimanches et des fêtes [1].

La comtesse de Bavière se trouvait seule à Villacerf au mois d'octobre 1789, comme l'atteste une lettre qu'elle écrivait à sa fille, le 14. Elle avait eu une alerte, la veille au soir. « On vint me dire, écrit-elle, que l'eau entrait dans la cuisine. Comme cela n'était jamais arrivé, voilà l'inquiétude qui me prend ; je délibère si je n'irai pas coucher au petit château ; cependant, je me mets dans mon lit. Et je fais courir aux vannes pour les lever, et, comme le niveau d'eau est admirable, dans l'instant l'eau s'arrêta, et tout le monde se coucha ». Et Mme de Bavière terminait sa lettre en disant : «..... Je vais souper avec le voisin... Bonsoir, les yeux me quise (*sic*). Demandés à François, pour moi, deux livres de bougie de nuit et deux de bougies. Voilà le souper qui sonne ; je vais me rendre à table ». Quel était ce voisin dont parle Mme de Bavière ? Il est possible que ce fût M. de Chavaudon de

---

[1] Arch. de l'Aube, C, 1976.

Sainte-Maure, président en la Chambre des Comptes, contre qui Mme d'Hautefort plaidait, en 1783, pour une question de cours d'eau, question importante, puisque les débordements de ces cours d'eau menaçaient jusqu'aux appartements du château [1].

Les débuts de la Révolution se firent peu sentir à Villacerf. Mme de Bavière lisait le journal à un de ses commensaux, M. Guerrapain, qui était « touché jusqu'aux larmes » des compliments qu'on adressait, après les journées d'octobre 1789, au roi, à la reine et au dauphin. Comme de coutume, on renouvelait les baux, notamment celui de la seigneurie de Riancey, qui comprenait une maison seigneuriale consistant en un gros corps de logis et en bâtiments d'exploitation [2]. Cependant, en 1791, on songeait à moins souvent habiter Villacerf, car on louait « des bâtiments situés dans l'enceinte et la basse-cour du château, près du petit château [3] ».

L'esprit de révolte et de désaffection commençait à se manifester à l'égard des châtelaines. Elles se plaignaient particulièrement d'un mauvais juge de paix, dont « le choix, selon Mme d'Hautefort, était dû à la pusillanimité du Directoire du département ». Plusieurs paroisses étaient livrées aux jugements d'un homme qui, suivant elle, aurait été convaincu d'un crime de faux. Elle l'accusait « d'autoriser, par son exemple, à tirer des pigeons dans les rues et sur les toits couverts en chaume avec des armes à feu, au risque d'incendier le village »; et elle ajoutait : « S'il continue à soulever toutes les têtes des habitants d'ici, je m'adresserai à l'Assemblée elle-même, connaissant deux ou trois personnes dans ce qu'on appelle le côté gauche [4]. »

---

[1] Mme d'Hautefort eut aussi un procès, en 1785, avec un autre de ses voisins, Louis Doé, seigneur de Luyères, pour la délimitation des bois de Riancey. (*Inv. Arch. Aube*, E. 77.)

[2] La seigneurie de Riancey appartenait, en 1769, à M. de Hautefort et à Camusat de Riancey. (Note de M. Le Clert.)

[3] Arch. de l'Aube, E. 1177.

[4] Lettre sans date. Papiers de l'abbé Saget.

Le séjour de la campagne devenait bientôt aussi dangereux pour les nobles que celui de Paris. Au mois de juin 1791, Mme d'Hautefort quittait le château emportant, disait-on, les meubles précieux qu'il contenait, et, de plus, emmenant avec elle, « sans prévenir les habitants », le curé de la paroisse, l'abbé Saget, qui avait refusé le serment constitutionnel. On accusa plus tard la comtesse d'avoir usé de son influence pour déterminer plusieurs curés à ne pas prêter le même serment[1].

V

LA RÉVOLUTION

Lorsque, peu de temps après, on apprit que Mmes de Bavière et d'Hautefort étaient parties pour l'Allemagne, leur pays natal, on les accusa d'émigration, et la question se posa, devant l'Administration du département de l'Aube, pour savoir si elles devaient être considérées comme françaises ou comme étrangères. Elles habitaient la France depuis quarante-cinq ans; le mari de la mère avait été lieutenant-général au service du roi; le mari de la fille était français; par conséquent, il semblait qu'elles dussent être considérées comme émigrées. D'un autre côté, Mme d'Hautefort écrivait de Munich, le 2 mars 1793, qu'elle était née comme sa mère en Allemagne, et que son père avait levé « un superbe régiment allemand », pour le service de la France. Le Directoire du département déclara, le 30 juin 1792, que la loi sur les émigrés n'était pas applicable aux comtesses de Bavière et d'Hautefort. Mais les événements se précipitèrent,

---

[1] Arch. de l'Aube, 4 Q, 3.

la république succéda à la monarchie, et, dans l'état d'a-
narchie administrative qui prévalut, il ne fut pas impossible
au District de Troyes de prendre un arrêté contraire à celui
du Directoire départemental de l'Aube, et de prescrire,
en février 1793, la confiscation et la vente des biens de
Mme d'Hautefort.

Celle-ci invoqua en vain l'arrêté antérieur du Directoire[1] ;
le Ministre de l'Intérieur fut saisi de sa requête, et il écrivit
au Directoire de l'Aube, le 17 juin 1793 : « S'il y a eu un
arrêté postérieur (à celui de juin 1792), il doit être suspendu,
et le procureur-général-syndic doit se pourvoir pour obtenir
une décision décisive et motivée du Conseil exécutif. »

Et pourtant, sept jours avant l'expédition de la lettre du
Ministre, la vente du mobilier de Villacerf avait commencé,
en vertu de l'arrêté suivant[2] :

---

[1] Arch. de l'Aube, 4 Q. 3.
[2] Affiche, Arch. de l'Aube, 4 Q. 3.

LIBERTÉ, ÉGALITÉ

DE PAR LA NATION

DÉPARTEMENT
DE L'AUBE

DISTRICT
DE TROYES

PUBLICATION

On fait savoir qu'en exécution des loix des 2 Septembre et 30 Octobre 1792, relatives aux Emigrés, et de la Délibération du Directoire du District de Troyes, en date du 16 Février 1793, l'an deuxième de la République, il sera, à la poursuite et diligence de Procureur-Syndic du District, procédé, le *10 Juin 1793*, heure de neuf du matin, et autres jours suivants, à la criée et vente, au plus offrant et dernier enchérisseur, des effets mobiliers et meubles meublans ci-devans appartenants à M^de *d'Hautefort*, qui est émigrée, qui sont existants dans sa maison et batiments qu'elle occupait à *Villacerf*, à l'exception des effets réservés pour le service des troupes, ainsi que ceux dont la destination est faite par les loix des 3 Septembre et 10 Octobre derniers.

Le prix sera payé comptant entre les mains de l'Huissier chargé de procéder à la vente.

A Troyes, chez la Ve GOBELET, Imprimeur du Département.

La vente du mobilier, dont le récolement avait été fait le 8 avril, produisit 27,444 l. 8 s. en assignats. Quelques objets précieux avaient dû en être distraits, notamment les objets d'art, tels que les bustes attribués à Girardon, que le Département avait fait mettre en réserve pour décorer le Musée qu'il avait l'intention de créer. Les glaces, en trumeaux ou avec chapiteau de bois doré, se vendent à des prix minimes; mais les garnitures de lit de damas vert, de satin bleu, de toile de coton, s'adjugent entre 419 et 800 fr. Plusieurs « vieilles décorations de comédie » atteignent l'enchère de 57 fr.; sans doute pour « les perches et cordes » dont elles sont munies. En général, ce qui s'enlève le mieux, ce sont les matelas et la vieille ferraille, que se partagèrent sans doute les paysans d'alentour.

L'humble établissement des sœurs de charité, installé dans un bâtiment qui leur avait été affecté par les Colbert, fut atteint comme le château. La Révolution s'attaquait aux œuvres utiles fondées par les seigneurs comme à leur faste et à leur luxe. Le pauvre mobilier de l'école des filles fut inventorié avec ses six bancs, dont deux moyens et deux petits; ses quatre tréteaux de bois blanc, son siège élevé de bois blanc et sa petite armoire pour mettre des livres; on inventoria aussi l'apothicairerie des sœurs, dont les vingt-trois pots de faïence furent destinés à l'hôpital militaire du district[1].

L'œuvre de destruction ne s'arrêta pas à la dispersion du mobilier. Le parc fut vendu par lots, dont les prix varièrent entre 1 800 et 6,725 l.; on réserva seulement pour la marine les plus beaux arbres : ce qui mécontenta les adjudicataires. Le château, qui formait un lot, fut démoli. On livra à l'État, pour le service des armées, la rampe du pont en fer, « deux dauphins en cuivre servant à jeter de l'eau », des tuyaux de plomb et quatre voitures de fer provenant des grilles du

---

[1] Arch. de l'Aube, 4 Q, 3.

château, pesant 100.220 livres, et dont la valeur au poids
était évaluée 7.220 fr. [1].

Pendant ce temps, Mme d'Hautefort était retirée à Munich,
auprès de l'Électeur, son parent, avec sa mère âgée et
souffrante. Elle avait conservé assez de revenus en Bavière
pour être à même de venir en aide aux émigrés dépourvus de
ressources. La marquise de Montagu, la très digne fille de
la duchesse d'Ayen et petite-fille de la maréchale de Noailles,
lui écrivait, en 1796, du Holstein, où elle s'était réfugiée,
une lettre très détaillée où elle lui soumettait le plan de
« quêtes générales » en faveur des émigrés, que son zèle la
portait à susciter en Allemagne et dans les autres pays
étrangers [2].

Mme d'Hautefort était en correspondance plus suivie avec le
comte de Cossé, qui était attaché à la personne et à la fortune
du comte de Provence, que les émigrés regardaient comme
le roi de France. Elle écrivait même parfois au roi qui,
selon Cossé, « appréciait parfaitement ses vertus et son
amabilité [3] ».

Mme de Cossé était, avec ses deux enfants, aux environs
de Munster, séparée depuis deux ans de son mari. « Mme de
Cossé, mes enfants, écrit celui-ci à Mme d'Hautefort, n'ont
plus aucune ressource pour exister. Tous les diamants sont
fondus. Le roi a la bonté de nous donner quelques secours,
mais très légers, et il m'en coûte horriblement de lui
demander. Je sais que le souverain auprès duquel vous êtes

---

[1] Inventaire des métaux provenant des émigrés, 2 germinal et 9 prairial an II.
(Arch. de l'Aube, 1 Q, 329.) — On voit encore, écrit Corrard de Breban
en 1856, dans les villages voisins et devant quelques maisons de Troyes, des
tubes en fer qui servaient à alimenter les pièces d'eau de Villacerf, et dont on
se sert maintenant en guise de bornes.

[2] Lettre du 20 juin 1796, de Ploïs en Holstein. Sur l'Œuvre des Émigrés,
voir le chapitre XI du livre attachant intitulé : *Anne-Paule-Dominique
de Noailles, marquis de Montagu*, 1865.

[3] En 1799, il fut question d'une charge de Cour pour Mme d'Hautefort, qui la
refusa, sans doute auprès de la jeune duchesse d'Angoulême, la Dauphine,
(Lettre du 4 novembre 1799.)

est noble et bon; mais je sais qu'il est fort gêné, inquiet, embarrassé, des suites de la guerre... » Ne pourrait-il venir en aide à sa femme et à ses enfants en lui accordant « une somme telle qu'il voudrait ou pourrait la donner, ne fût-ce que cent louis? » Les cent louis furent promis et envoyés, non par l'Électeur de Bavière, mais par une personne qui voulait garder l'anonyme. « Quelle est cette personne qui veut être inconnue, en faisant le bien avec joie, avec simplicité? » écrit, le 19 mars 1796, le comte de Cossé, qui a bien démêlé que sa bienfaitrice n'est autre que Mme d'Hautefort, et qui éclate en protestations de reconnaissance envers elle... « Oui, c'est à vous, à vous seule, ajoute-t-il, que je dois tout. » Mme d'Hautefort, qui continue de recevoir des lettres de M. de Cossé jusqu'en 1800[1], ne cessa point de s'intéresser au sort des émigrés, et nous la voyons, en 1799, faire des démarches auprès du nouvel Électeur de Bavière, Maximilien-Joseph IV, pour faire conserver à la princesse de la Tour-d'Auvergne la pension qu'elle recevait de son prédécesseur.

Aussitôt qu'elle put se faire rayer de la liste des émigrés[2], Mme d'Hautefort s'empressa de rentrer en France, avec l'ancien curé de Villacerf, l'abbé Saget, qui l'avait suivie à Munich[3]. Invoquant ses titres de fille d'un lieutenant-général au service de la France, elle multiplia, sous le Consulat, les démarches pour rentrer en possession de ses biens confisqués en vertu des lois révolutionnaires. Elle n'y réussit qu'en partie, comme l'atteste le billet suivant, daté du 21 ventôse an XI : « Le général de division Estourmel présente ses

---

[1] Ces lettres, qui proviennent des papiers de l'abbé Saget, sont datées de Vérone (en 1795 et 1796), de Riegel en Brisgau, de Blankenbourg (1796); de Telgt, près Munster; de Burgdorf (Hanovre) (1797); de Mittau (1798 à 1800). Toutes sont adressées à Munich, sauf une d'entre elles envoyée chez le comte Palfy, à Radzersdorf, près Presbourg (Hongrie), en 1797.

[2] Elle échoua en l'an VII, et ne réussit que sous le Consulat.

[3] L'abbé Saget fut nommé, en 1805, curé de Ligny-le-Châtel, près Chablis, et devint, en 1814, chanoine honoraire à Troyes, où il mourut très âgé. La lithographie du château de Villacerf, publiée par l'Annuaire de 1856, a été copiée sur une gouache qu'il conservait dans son cabinet.

hommages à sa cousine, Madame Amélie de Bavière, et à l'honneur de la prévenir que le conseiller d'État Boulay vient d'ordonner la main-levée de ses biens non vendus, sans répétition des fruits. Elle a actuellement une autre demande à former : c'est celle d'une indemnité pour les biens vendus, ce qui sera plus difficile ». C'était, en effet, très difficile ; Mᵐᵉ d'Hautefort rentra en possession de quelques biens, notamment de pièces de bois situées à Montgueux[1] ; mais elle s'adressa vainement à Napoléon, en 1805, pour obtenir la liquidation de la valeur de ses biens vendus.

Bien qu'elle ait continué à résider à Paris, où elle demeurait rue de Chaillot, en 1811, nous ignorons si elle revint jamais à Villacerf. Elle n'y aurait trouvé que des sujets de regrets : le château complètement démoli ; le parc dépecé, transformé et méconnaissable. Rien ne subsistait, alors comme aujourd'hui, des châteaux des Hesselin et des Colbert[2], et rien n'en rappelle désormais le souvenir, si ce n'est les séries de planches, conservées dans la demi-obscurité des bibliothèques, et sur lesquelles les Le Vau et les Cottard avaient fait graver les aspects principaux des édifices qui avaient été construits sur leurs plans.

---

[1] En l'an XI. (Arch. de l'Aube, 4 Q. 3.) — La seigneurie de Montgueux avait été acquise par le comte de Bavière, puis rétrocédée à Mᵐᵉ de Rouveray, à charge de réversion à sa mort, qui arriva en 1757. (Courtalon, t. III, p. 161-162.)

[2] Quelques canaux et pièces d'eau, dont les bordures de pierres ont été enlevées, rappellent seules, dans les prés qui s'étendent entre le bras de la Seine, désigné sous le nom de Melda, et le canal de la Haute-Seine, les anciens jardins de ce château qui passait, me disait un vieillard du pays « du temps de la comtesse », pour « le plus beau de France ».

BIBLIOTHÈQUE DELISLE BURINGUE IMPRIMÉS

DU MÊME AUTEUR :

La Ville sous l'ancien Régime (ouvrage couronné par l'Académie Française), *deuxième édition revue et augmentée*, Paris, Didier et Cie, 2 vol. in-12.

Le Village sous l'ancien Régime, *quatrième édition revue et augmentée*, 1 vol. in-12.

La Province sous l'ancien Régime, 2 vol. in-8°.

La Vie rurale dans l'ancienne France (ouvrage couronné, ainsi que les deux suivants, par l'Académie des Sciences morales et politiques), *deuxième édition revue et augmentée*, 1 vol. in-12.

L'École de Village pendant la Révolution, 1 vol. in-12.

Les Voyageurs en France depuis la Renaissance jusqu'à la Révolution, Paris, Firmin-Didot et Cie, 1 vol. in-12.

Les Artisans et les Domestiques d'autrefois, 2e *édition*, 1 vol. in-12.

Les Bourgeois d'autrefois, *deuxième édition*, 1 vol. in-12.

La Vie militaire sous l'ancien Régime, *deuxième édition*, 2 vol. in-12°.

Le Maréchal de Villars, gouverneur de Provence, 1 vol. in-8°.

Paris en 1789, ouvrage illustré de 150 gravures, *cinquième édition*, 1 vol. grd in-8°.

La France et Paris sous le Directoire. Lettres d'une voyageuse anglaise, 1 vol. in-12.

Le Louvre et son Histoire, ouvrage illustré de 140 gr., 1 vol. grd in-8°.

Le Théâtre des Tuileries sous Louis XIV, Louis XV et Louis XVI, in-8°.

Histoire Locale

Histoire de Troyes pendant la Révolution, 1873-1874, 2 vol. in-8°.

Les Portraits de deux Députés de Troyes au xve et xvie siècle, in-8° de 11 p. (1 planche.)

Les Rois de France à Troyes au xvie siècle, 1880, 1 vol. in-8° de 84 p.

Henri IV à Troyes, 1879, in-8° de 25 p. (1 pl.).

Les Fêtes de la Paix données par la Ville de Troyes sous Louis XIV, 1876, in-8° de 30 p. (1 pl.)

La Population de Troyes au xviiie siècle, 1873, in-8° de 21 p.

La Dauphine Marie-Josèphe de Saxe à Troyes, 1879, in-8° de 19 p.

La Publicité à Troyes il y a cent ans, 1882, in-8° de 14 p.

Le Parlement de Paris à Troyes en 1787, 1 vol. in-8°.

Les Vues d'ensemble de Troyes (7 gravures), 1892, in-8° de 36 p.

Histoire des Institutions

Le Guet et la Milice bourgeoise à Troyes, mémoire lu à la Sorbonne, 1879, in-8° de 57 pages.

L'Instruction primaire dans les Campagnes avant 1789, d'après des documents tirés des archives communales et départementales de l'Aube, 1875, in-8° de 86 p.

Le Recrutement territorial sous l'ancien Régime. Étude sur la Milice dans la Champagne méridionale, 1877, in-8° de 47 p.

L'Armement des Nobles et des Bourgeois dans la Champagne méridionale au xviie siècle, 1884, in-8° de 10 p.

Une Corporation d'arts et métiers à Troyes. Les Tondeurs de grandes forces, 1883, in-8° de 13 p. (1 pl.)

La Représentation du Tiers-État aux assemblées pour la rédaction des coutumes au xvie siècle, in-8° de 10 p.

Comment on changeait le nom d'un Village sous Louis XV, 1883, in-8° de 8 p.

Le Théâtre de l'ancien Collège de Troyes, 1881, in-8° de 44 p.

Les Compagnies de la Maison du roi en garnison à Troyes, 1887, in-8° de 16 p. (1 pl.)

Les Académies de musique de Troyes, 1883, in-8º de 19 p.
L'Assemblée d'Election et le bureau intermédiaire de Troyes, 18..
in-8º de 40 p.
L'Assemblée d'Election de Bar-sur-Aube, 1873, in-8º de 38 p.
Les Transports publics de Troyes à Paris, 1887, in-8º de 43 p.

Biographie. — Mélanges

Un Marchand de province sous Henri IV, 1883, in-8º de 15 p.
Un Maître de chapelle sous Louis XIII. Etienne Bergerat, 1890, in-8º
de 32 p. (1 pl.)
Un Magistrat de province sous Louis XIV, 1887, in-8º de 15 p.
Imprimeurs, Libraires et Relieurs Troyens d'autrefois (1623-1745).
1884, in-8º de 27 p.
Le frère de Grosley et ses enfants, 1879, in-8º de 8 p.
Grosley Etudiant, 1887, in-8º de 21 p.
Grosley Magistrat, 1882, in-8º de 15 p.
Les Correspondants de Grosley, 1883, in-8º de 36 p.
La Louptière, le Poète Champenois, 1881, in-8º de 15 p.
L'Exhumation de Voltaire, 1874, in-8º de 11 p.
L'Académie de Troyes et les auteurs des mémoires publiés sous son
nom, 1887, in-8º de 30 p.

Arts. — Archéologie

Saint-Urbain de Troyes, 1891, in-8º de 71 p. (3 pl.)
Les Prédécesseurs de François Gentil, 1879, in-8º de 25 p. (2 pl.)
Notes sur Dominique et Gentil, 1876, in-8º de 15 p. (2 pl.)
Dominique Florentin, sculpteur du xviᵉ siècle, mémoire lu à la Sor-
bonne, Paris, Plon, 1877, in-8º de 39 p.
Jacques Juliot et les Bas-reliefs de l'église Saint-Jean de Troyes, 1886,
in-8º de 23 pages.
Un Bas-relief de l'ancien couvent des Cordeliers et le sculpteur
Jubert, 1887, in-8º de 11 p. (1 pl.)
Ninet de Lestin, peintre troyen, 1882, in-8º de 21 p. (1 pl.)
Linard Gontier et ses fils, peintres verriers, 1888, in-8º de 55 p. (2 pl.)
Nicolas Mignard, sa vie et ses œuvres, 1895, in-8º de 29 p. (2 pl.)
Deux collectionneurs de province. Nicolas Bonhomme ; l'abbé Coffinet,
1884, in-8º de 34 p.
L'Hôtel-Dieu-le-Comte au xviᵉ siècle, 1877, in-8º de 22 p. (1 pl.)
Les Anciennes Tourelles des maisons de Troyes, 1884, in-8º, 15 p. (1 pl.)
Les Galeries Anciennes des maisons de Troyes, 1884, in-8º, 12 p. (2 pl.)
La Construction de l'Hôtel-Dieu de Troyes, 1875, in-8º de 31 p.
Du Buisson-Aubenay. Voyage d'un archéologue dans le sud-ouest de
la Champagne, 1886, in-8º de 49 p.
L'Eglise Saint-Pantaléon de Troyes, 1881, in-8º de 46 p. (1 pl.)
Le Château de la Chapelle Godefroy, 1875, in-8º de 33 p.
Le Château de Brienne, 1877, in-8º de 21 p.
Le Château de Pâlis et sa Bibliothèque, 1879, in-8º de 14 p.
Le Château de Spoy et les Comtes d'Estaing, 1893, in-8º de 10 p.
Le Mobilier des Chanoines de Saint-Etienne de Troyes du xivᵉ au
xviᵉ siècle, 1879, in-8º de 14 p.
La Maison de François Pithou, 1883, in-8º de 15 p.
L'Ancien Hôtel du Lieutenant du Prévôt de Troyes, 1885, in-8º de
10 p. (1 pl.)
Le Vouldy, 1885, in-8º de 19 p. (1 pl.)

www.ingramcontent.com/pod-product-compliance
Lightning Source LLC
LaVergne TN
LVHW022035080426
835513LV00009B/1066